an seachnadh
agus dàin eile

the avoiding
and other poems

Also by AONGHAS MACNEACAIL

POETRY QUINTET
(*Gollancz* 1976)

IMAGINARY WOUNDS
(*Glasgow Print Studio Press* 1980)

SIREADH BRADAIN SICIR / *Seeking Wise Salmon*
(*Balnain Books* 1983)

AN CATHADH MÓR / *The Great Snowbattle*
(*Balnain Books* 1984)

an seachnadh
agus dàin eile

the avoiding
and other poems

aonghas macneacail

LINES REVIEW EDITIONS

MACDONALD PUBLISHERS
EDINBURGH

LAGE / *ISBN* 0 86334 058 X

Air fhoillseachadh le / *Published by*
Macdonald Publishers
Edgefield Road, Loanhead, Midlothian EH20 9SY

Chuidich an Comann Leabhraichean am foillsichear
le cosgaisean an leabhair seo

*The publisher acknowledges the financial assistance
of the Gaelic Books Council in the publication
of this volume*

Clò-bhuailte le / Printed by
Macdonald Printers (Edinburgh) Limited
Edgefield Road, Loanhead, Midlothian EH20 9SY

dha mo mhàthair
a thug dhomh na briathran,
is dha mo chéile
a dh'altraim an leabhar seo

for my mother
who gave me the words,
and for my wife
who nursed this book

buidheachas / *acknowledgements*

Gairm
Grampian TV
BBC
Crùisgean
Crann
Ossian
The Scotsman
Chapman
Cencrastus
Words
Poetry Australia
International Poetry Review (USA)
Tijdschrift Voor Poezie (Belgium)
Balnain Books

clàr-innse / *contents*

gun eadar-theangachadh

eadar-theangachadh

an seachnadh
agus dàin eile

the avoiding
and other poems

bratach

do ghuth a' glaodhaich
foillsich thu fhéin

a charaid, is mise
an t-amadan naomh
am bàrd
amhairc is éisd rium

banner

your voice crying
reveal yourself

friend, i am
the holy fool
the bard
observe and listen

caithris na h-oidhche
(san taigh-òsda ùr)

dùisg a chaileag dùisg a bhalaich
tha àm éirigh dlùth
gu ruig sibh dachaigh mus tig gairm
coilich comhart cù
mus èirich d'athair, shìne
mus èirich d'athair, eòin
feumaidh sibh bhith dhachaigh
tha àm éirigh dlùth

dùisg, a shìne theàrlaich odhair
ged is mór do ghaol
sgiùrs am fleasgach o do shliasaid
chan fhaod e bhith rid thaobh
aig àm éirigh gréine
aig àm bristeadh là
feumaidh sibh bhith dhachaigh
tha àm éirigh dlùth

dùisg thus', eòin chaluim shamhraidh
tog do lamh o cìoch
feumaidh tu bhith anns a' mhadainn
mar fhear nach fhaca riamh
craiceann fìorgheal cailin
craiceann maighdinn òig
feumaidh sibh bhith dhachaigh
tha àm éirigh dlùth

ged a tha sibh measgadh feòla
son na ciad uair riamh
cuimhnichibh air àdhamh 's eubha
dh'ionnsaich seo dhan treubh

night watch
(in the new hotel)

wake up young girl wake up lad
rising time is near
that you might reach home before
cock-crow or yelp of dog
before your father rises, *sìne*
before your father rises, *eòin*
you must be at your homes
rising time is near

wake up, *sìne theàrlaich odhair*
though great may be your love
drive the braw lad from your thigh
he can't be by your side
at the time of rising sun
at the time of break of day
you must be at your homes
rising time is near

wake up, *eòin chaluim shamhraidh*
take your hand from her breast
you must be, in the morning,
like one who's never seen
a young girl's pure white skin
the skin of a maiden
you must be at your homes
rising time is near

though you are binding flesh
the first time in your lives
remember eve and adam
who taught this to the tribe

nach cuir sibh as do nàire
le mìlseachd nan trì pòg
feumaidh sibh bhith dhachaigh
tha àm éirigh dlùth

's ged a bhios sibh làn de nàire
cuimhnichibh air seo
nach eil san fheòlmhorachd ach acras
's math as eòlach dhomh
's math eòlas d'athar, shìne
's math eòlas d'athar, eòin
ach feumaidh sibh bhith dhachaigh
tha àm éirigh dlùth

you can't extinguish shame
with sweetness of three kisses
you must be at your homes
rising time is near

if shame should overwhelm you
please remember this
that lust is but a hunger
as i have long known well
well knows your father, *sìne*
well knows your father, *eòin*
but you must be at your homes
rising time is near

gun ainm

ged a tha an cuan socair
a-nochd thug sinn a' gheòla air tìr
ged nach eil e fuar a-nochd
cuiridh sinn maidse ris an teine

tha geamhradh a' tighinn
tha gailleann a' tighinn

chan eil fhios againn cuin, ach
gu bheil ar stòr
anns an t-sabhal

òran gaoil

ged sheòladh tu bhuam
chan urrainn dhomh snàmh
ach eadar braith-lìn
air fleòdradh 'nad cholainn
tha mi aig tàmh

cuibheall

thig aois   crìonadh   bàs
ach seall a' chraobh a' brùthadh
as sìol m'òg-eudail
ath-bheothachadh ar samhla
grian ag òl bùrn féithe

nameless

though the ocean is gentle
tonight we took the dinghy ashore
though it's not cold tonight
we'll put a match to the fire

there's a winter coming
there's a storm coming

we don't know when, but
that our store is
in the barn

love song

though you sail from me
i cannot swim
but between sheets
i float in your body
my harbour

wheel

age   decay   death will come
but see the tree burgeon from
the seed of my young love
rekindling our likeness
sun drinking vein-water

nuair a phòg sinn a' chiad uair

nuair a phòg sinn a' chiad uair
linntean air ais
mìltean air ais
thuiginn thu
thuigeadh tu mi

fhuair thu do chrait fhéin
agus mise mo chrait-sa

chuir sinn air dòigh
gu bhith cur air dòigh ar fearann
thusa cumail chaorach mhaol
ghabh mise ri dubhcheannaich
mhathaich mise mo choirce
dh'inneirich thusa d'eòrna

cha robh cail ach *mo chuid-sa*
chaidh
ar briathran ri chéile
iarrtas no tairgse
mar éiteagan bualadh bàrr linne
buaireadh tiota is
                    tàmh
                    sàmhchair a' leantainn
réite mar gum b'ann reòta
sàmhchair an fheitheimh
tàmh nach eil gun imcheist

feuchamaid a-rithist

chan eil mi ga do thuigsinn
chan eil thu ga mo thuigsinn

when we kissed for the first time

when we kissed for the first time
centuries back
miles back
i understood you
you understood me

you got a croft of your own
and i got a croft

we made ready
to make ready our fields
you rearing cheviot
and i blackface
i tended my oats
and you your barley

there was nothing but *what's mine*
our words to each other
request or offer
became
like pebbles dropping in water
disturbing a moment then
                              stillness
                              silence
peaceful as if frozen
silence of waiting
stillness not without unease

let's try once again

i do not understand you
you do not understand me

chun a' chùil-chinn, a luaidh
chun a' chùil-chinn
air buailtean an roinnidh
feuchamaid a-rithist

ceasefire

cha chan sinn guth
mu dheidhinn
an eucoir bhig
a thuit eadarainn
mar iteag luaireig
ach
bidh mi bruadar
bidh mi bruadar

duanag an aghaidh eudaich

chunnaic mi galair
goirt 'nad ghnùis
nuair a thubhairt
mi gu robh mi dol
a-mach.
                b'e cùis mo shlighe
smuair thu gu robh mi coinneachadh ri té
bha aon uair
                        tasgach 'na mo chridhe.
mo ghaol, tha ise
nis taobh thall
na callaid, is tusa
                        blàths mo chagailt

to the common-land, my love
to the common-land
on the folds of sharing
let us try again

ceasefire

we'll say nothing
about
the little injury
which fell between us
like petrel's feather
but
i'll be brooding
i'll be brooding

little song against jealousy

i saw the sore
malady in your face
when i said
that i was going
out.
     my purpose
you inferred was to meet one
who was once
         precious to me.
my love, she is
now beyond
the hedge, it's you
        are the warmth of my hearth

oran luaidh

bha gealach a-nochd ann
cobhar geal air an tràigh

b'àill leam thu
bhith còmhla rium

clach-mheallain a-nise
sgleogadh air m'uinneig

b'àill leam thu
bhith còmhla rium

sgal-osag mun cuairt
mo bhothan air chrith

b'àill leam thu
bhith còmhla rium

m'amharc an dràsd'
air fàire do-fhaicsinn

b'àill leam thu
bhith còmhla rium

sàl is talamh
crìon is sìorraidh

b'àill leam thu
bhith còmhla rium

fàd air teine
thu 'nam chridhe

love song/waulking song

a bright moon tonight shone
white foam on the shore

love that you
were here with me

a flurry of hail now
slaps at my window

love that you
were here with me

shrill gust around
my trembling hut

love that you
were here with me

now i search
obscured horizons

love that you
were here with me

brine and soil
short-lived, eternal

love that you
were here with me

burning peat is
you my heart's fire

b'àill leam thu
bhith còmhla rium

a' chruinne bhith
fo ghul is cràdh

b'àill leam thu
bhith còmhla rium

ùir is salann
corp is anam

b'àill leam thu
bhith còmhla rium

'na mo dhùsgadh
'na mo bhruadar

b'àill leam thu
bhith còmhla rium

love that you
were here with me

the world may all be
steeped in anguish

love that you
were here with me

earth and salt
body, spirit

love that you
were here with me

in my waking
in my sleeping

love that you
were here with me

teist

1. anns an dùthaich seo, tha sinn
cofhurtail. chan iarr sinn
bhor bàird ach mìlseachd
fileantas.

ach ann an dùthaich eile, dùthaich m'anam-sa
chan e fileantas tha dh'easbhaidh
ach fìrinn,
dearg rùisgte

2. dh'àraicheadh mis' ann an creideamh dòigheil gun cheist
an sin bhà mi glaist'
gus an tàinig darwin is frazer le iuchraichean móra
(cha d'fhosgail freud càil nach robh 'nam leasraidh)
. . .

sheinn sinn òran dhut, a luaidh
chan ann air an aon nì bh'air m'inntinn
ach air do chùlan bachlach òir
do ghruaidhean bàn
do shùilean fìorghorm ('s ann glas a tha iad)

26

testimony

1. in this land, we are
   comfortable. we seek nothing
   from our bards but sweetness
                        eloquence.

   but in another country, in my soul
   it's not eloquence that's lacking
       but truth,
                  stark naked

2. i was reared in an orderly unquestioning faith
   and there i was locked
   till darwin and frazer came with great keys
   (freud unlocked nothing that was not in my loins)
   . . .

   we sang songs for you, my love
   not on the one thing that was on my mind
   but of your golden ringletted hair
       your fair cheeks
       your pure blue eyes (it's grey they are)

rùisg i

rùisg i
a chridhe le a sùilean

cinnteach   ars ise
eil thu cinnteach
gu deireadh do sgeòil   thubhairt thu
gu ceann thall do là
bhiodh do ghaol orm
lìonadh raointean do mhac-meanmhainn

a sùilean air   is aigne
snàigeadh thar nan sìthean

luingeas an aghaidh an t-sruith
tàirneanadh sìos an linne
is esan fo cheangal a déindhearc

gheall thu
thubhairt thu
gheall thu
                ars a sùilean

bha i air falbh ro fhada
's e tilleadh gun fhiosta a rinn i

she stripped

she stripped
his heart with her eyes

sure   she said
are you sure
till your dying breath   you said
till the end of time
your love for me would
invest the fields of your imagination

her eyes on him   his thoughts
slinking beyond the hills

shipping against the tide
thundering down the sound
and he trapped by her stare

you promised
you said
you promised
                said her eyes

she was away too long
it was without warning she returned

an aimhreit

tha caolas eadarainn a-nochd
mis' air m'eilean, thus' air d'eilean-sa.
aon fhacal bhuat, a luaidh, is buailidh
mi le ràimh mar sgiathan sgairbh na tuinn.
bidh eòlas eadarainn a-nochd.

the contention

there's a kyle between us tonight
i on my island, you on yours.
one word from you, love, and i'll beat
with oars like scart's wings the waves.
there'll be accord between us tonight.

neulag air fàire

anns a' bhaile seo, monaidhean
móra cloiche, cas is cruaidh. daonndachd
cho lìonmhor ri
gainmheach an fhàsaich.

am measg a' ghrinneil, aon
lus beag grinn,
thusa mo ghaol.

thu nas motha 'nam inntinn
na sìolmhorachd raointean
doimhneachd choilltean
farsaingeachd chuantan,

'nam chridhe mar
neulag air fàire
nach tig gus an t-seasgachd a dhrùdhadh
'nam àite neo-fhasgach,

'nam chaolan
mar lilidh cho geal.
ged a shlìobainn do cheann
tha do bhroilleach cho fìorghlan.

cha ruig mi do chridhe.
aonar is eagal,
eagal is aonar.

small cloud on the horizon

in this city, great mountains
of stone, vertical, hard. people
numerous as
desert sand.

among the grains, one
fine little flower,
you my love.

greater in my mind
than fruitful plains
deepest forest
expanse of oceans,

in my heart like
a fleck of cloud on the horizon
that won't come to drench the sediments
of my shelterless dwelling,

in my gut
like the whitest lily.
though i caress your head
your breast is pure.

i can't reach your heart.
isolation and fear,
fear and isolation.

dàn

sgrìobh thu air m'anam
do nàdur, a bhidse gun chridhe, is dhùin
thu an leabhar gu grad mus d'ràinig
sinn deireadh ar sgeulachd

dh'fhuasgail is leig thu air falbh mi mar dhuilleag
bha seargte, a' tionndadh a-null gu craobh ùr
gheibh esan an ceudna a spìonadh
mus seac thu as m'inntinn-s'

mar ghalla fo choin rinn thu leum
bho aon chlais gu clais eile:
toirt dhomh adhbhair cho ciallach ri comhart
rinn thu m'fhagail

ach, a ghaoil, ged a shracainn mo chridhe
cha sgrìob mi as d'àilleachd, fras earraich
do ghàire, drùdhadh do chniadaich, nas mìlse
na mil, do phuinsean, gam thachdadh

sgàthan

o mo charaid
         ionnsaich d'fhìrinn
nach fhac' riamh thu fhéin
sa ghlainne seo
ach clì far a bheil deas,
's do bhruadar air gaol do chridhe
nach tug dhut ach losgadh-bràghad,
nuair a sheall thu son dia
chan fhac' thu ach iarmailt fhàs

poem/fate

you etched your nature
on my spirit, heartless bitch, and
snapped shut the book before we had reached
the end of our story

you loosened me, let me fall like a leaf
that was withered, turning toward a fresh tree
he'll suffer uprooting
before you are scorched from my mind

like a she-dog in heat you
leapt from one ditch to another
with reasons coherent as yelping
you left me

but, love, though i'd shred my heart
i can't scrape from it your beauty, spring shower
of your laughter, your drenching caress, sweeter
than honey, your poison, still choking me

mirror

o my friend
            learn your truth
who have never seen yourself
in this glass
but left instead of right,
and your brooding over the love of your heart
gave you only heartburn,
when you looked for god
you saw only empty sky

air sgeir—an t-iasgair

air sgeir—an t-iasgair a' cur
ceist air tuinn   a' gheòla
cur air   gu
bheil i 'na sprùilleach   a thug
e bho eilean gu eilean
    o chamas gu camas
    o sgeir gu sgeir
    o chala gu cala
sgrìobadh 's a' dorghach
togail nan cliabh
ridire nan tonn i
gheòla bheag bhuidhe
a' marcachd a' sùrdagadh
o sgeir gu cala
o chamas gu innis
nise 'na bloigheach
esan drùidhte
esan leth-bhàthte
esan diombach
esan feargach
cur cheist air an fhairge
cur cheist air na stuaghan
gun d'chaill e a chosnadh
gun d'chaill e a dhùbhlan
gun d'chaill e aoibhneas

air an sgeir—iasgair cur
cheist air na tuinn

on a skerry—the fisherman

on a skerry—the fisherman casts
a question to waves   the dinghy
concerns him   that
it's now in shards   which took
him from island to island
      from bay to bay
      from skerry to skerry
      from harbour to harbour
trawling and drifting
taking in creels
squire of the waves his
little yellow dinghy
riding and prancing
from skerry to harbour
from bay to island
now smithereens
he drenched
he half-drowned
he indignant
he raging
damns the ocean
damns the breakers
lost his employment
lost his challenge
lost his delight

on the reef—a fisherman casts
his questions to the waves

acras

dh'éirich a' mhuir shiabach, le grian mhaidne
dearg-bhileach, a' tairgsinn dhomh biadh,
ach shìn i air ais.

dh'éirich a' mhuir chraobhach aig meadhan-latha,
bàn-ghruagach, ag ìobairt dhomh gaol,
ach shìn i air ais.

dh'éirich a' mhuir sgianach aig àm duibhre
dubh-shùileach, is sguab i mi, sguab
i, is chaith i air ais.

chagrin

na bodaich cruinn
mun cuairt air botal
gun chuimhne dé bha innte
na cailleachan aig an tobar
an sgeul air dhol as inntinn
am ministear a' carachd
leis an diabhal—carson
cha robh e cinnteach
am bàrd le dàn air bhil
gun chluas a ghabhadh innse

òigridh air an raon
miann gaoil orra
ach có ruigeas pòg
air gruaidh dheònach
measg an t-sluaigh chaillt' ud

hunger

the lathered sea rose, with morning sun
red-lipped, offered me food,
but then she drew back.

the branching sea rose at noon
flaxen-haired, offered me love,
but she drew back.

the bladed sea rose at dusk
dark-eyed, she swept me up, swept
me, and then tossed me back.

chagrin

old men collect
around the bottle
forgetful what was in it
old women at the spring
the spicy tale forgotten
parson wrestling
with the devil—why
he isn't certain
the bard has poems on his
lips—no audience

youth on the meadow
desirous of love
but who'd reach a kiss
to a willing cheek
among that lost herd

shad e smugaid an aghaidh na gaoithe

shad e smugaid an aghaidh na gaoithe

bha ròs 'na bonaid
cha tug i dha pòg nuair a dh'fhalbh i
bha snodha 'n sùil nuair a dh'fhalbh i
bha dannsa 'na broilleach nuair a dh'fhalbh i

cha tug i dha pòg nuair a dh'fhalbh i
bha leum ann a ceum nuair a dh'fhalbh i
bha solas a' mhór-bhail' 'na sùil
                              nuair a dh'fhalbh i
bha faram nan sràid 'na cluais
                      nuair a dh'fhalbh i

bha ròs 'na bonaid
                  a gheàrr e bhon chraoibh
                  a dh'àraich e fhéin
                  le cùram 'na ghàrradh

cha tug i dha pòg nuair a dh'fhalbh i

shad e smugaid an aghaidh na gaoithe

he spat into the wind

he spat into the wind

a rose in her bonnet
she gave him no kiss on departure
a glint in her eye on departure
a dance in her breast on departure

she gave him no kiss on departure
a spring in her step on departure
the bright city lights in her eye
                              on departure
the hubbub of streets in her ear
                              on departure

the rose in her bonnet
                    he cut from the bush
                    he had raised by himself
                    with care in his garden

she gave him no kiss on departure

he spat into the wind

seo an rathad ùr

seo an rathad ùr:
theid sinn le chéile
sìos gu abhainn
        dàna, cinnteach,
bidh iteach fhuasgailt' air ar brat
is oiteag bhlàth 'nar n-anam:
       cha bhi sinn geinnt' eadar
       bàs is sìorraidheachd.

o chomraid, cha smaoinich sinn air
    an-dé, sin eachdraidh:
       chan éisd sinn
       rabhadh an treabhaiche.

an dràsda tha sinn,
màireach, cadal.

this is the new road

this is the new road:
we'll go together
down to the river
            resolute, certain,
spread wings on our banner,
a warm breeze in our soul:
        we will not be wedged between
        death and eternity.

o comrade, let's not think of
        yesterday, that's history:
                we'll ignore
                the ploughman's warning.

for the present we are,
tomorrow, sleep.

an dràsda dà fhleasgach

an dràsda dà fhleasgach
a' coiseachd air duslach na gealaich
a dhìrich o thalamh
                    gu gealach
air rocaid   sa chabsuil
mar isean san ugh

a' ghealach cho geal
anns an dubhar   gun d'streap
mi air staidhre 'nam inntinn ga
h-ionnsaigh 'nam oige   is nise

dà fhleasgach a' coiseachd a fàsach
bùrach son òir anns an duslach

is mise a' coiseachd a' chladaich
mo shùil air a' ghealaich
mo phòcaidean falamh

at this moment two heroes

at this moment two heroes
walking in the moondust
who rose from earth
                              to moon
on a rocket   encapsulated
chickens in an egg

the moon so white
in darkness   i climbed
imagined stairs toward
her in childhood   and now

two stalwarts walk her deserts
probing for gold in the dust

and i am walking the shore
my eye on the moon
my pockets empty

ghabh mi tamall aig tobar a' chràidh

ghabh mi tamall aig tobar a' chràidh
bha cìobair nan creuchd ann   a' caoidh
nan cuilean a chaill e   mus
do dhùisg iad   's a spréidh air chall
am measg preasan gàire, fiùrain sòigh   subhachd ann
an lusrach a' chiataidh

        lus nan dearc   lus-chlòimh
        lus a' ghràidh   lus na sìochaint

        lus an eòrna   sùgh an eòrna

    sùgh na h-ùrach
air monadh an àigh an toradh
cho crìon dhan chràdh
    toileachas brùthadh a-mach
as na coilltean

        ghabh mi tamall aig tobar a' chràidh
            bha na siantan a' dannsa
            dh'aindeòin a' chìobair

i rested a while at the well of pain

i rested a while at the well of pain
the herdsman of wounds was there   lamenting
the pups he'd lost   before
they had wakened   his flocks astray
among laughter bushes, pleasure shrubs   rejoicing in
the verdure of delight

       berry herb   wool herb
       herb of love   herb of peace

       the barley plant   the barley juice

       juice of the loam
on joyous moor the harvest
a withering one for pain
       happiness burgeoning out
from the forests

       i rested a while at the well of pain
         the elements danced
         in spite of the herdsman

note:
    lus nan dearc   bilberry
    lus-chlòimh   gossamer
    lus a' ghràidh   love-lies-bleeding
    lus na sìochaint   loose-strife

cuin?

h-uile h-uair a shaoileas mi gu
bheil mi bualadh air do chladach
tha thu gluasad as mo shealladh
h-uile h-uair a dh'éireas tu 'nam
inntinn tha thu suathadh as   mar
luasgadh thonn aig tràghadh

ged a shlìobas tu a-màireach as
mo bhruadar bidh mi slàn is
bidh mi briste ach cha bhi mi
air mo sgaradh   bidh mi slàn is
bidh mi slàn is bidh mi briste
ach cha bhi mi air mo chlisgeadh

's e mo dhùil   a-nis gu fàg thu nuair
a shaoileas tu gu ruig mi
air do nàdur air do cholainn
air do ghobhal air do chridhe
air do dhùilean air do dhòchas
—ach sinn thairis air ar n-òige

when?

every time i think that
i am beaching on your shore
you slide from my sight
every time i raise you in my
mind you slither out   like
ripples at ebb tide

though you steal again tomorrow
from my dreams i'll be whole
i'll be broken but i'll not
be cloven   i'll be whole and
i'll be whole and i'll be broken
but i'll not be shaken

i expect   you now to leave me when
you think that i might reach
your nature and your body
reach your sex reach your heart
reach your hopes your expectations
—but we are no longer youthful

seo agad sinne

seo agad sinne
'nar seasamh air bile fànais
'n siud   fada bhuainn
a' chruinne bha sinn ri àiteachd

their cuid gur e ifrinn tha romhainn
their cuid gur e pàrras

chan fhaic mise ach
suailean socair a' chadail
àite gun
at, acras no anshocair
gun strì gun shanas cràidh
falamhachd air nach tig atharrachadh
far nach ruig an teanga dhuaireachail
neo-bhith gun deòin no dìoladh
gun eud nimheil a' duaichneachadh
gun fharpais sgàineach airson sgillinn
gun threabhadh raointean uachdarain

chan fhaic, cha chluinn
ach tosd gun chaochladh
tro dhubhar teann sgàile
tha ceileadh oirnn na bile guirm
bile ghorm fànais

here we are

here we are
standing on the lip of a void
there   far away
the earth of our husbandry

some say hell confronts us
some say paradise

i see only
the gentle billows of sleep
a place without
bloating, hunger, discomfort
without strife or hint of agony
an unalterable emptiness
beyond reach of the slanderous tongue
non-being without desire or requital
no poisonous jealousy deforming
nor divisive competing for pennies
no ploughing a master's fields

i can see, hear
only stillness unchanging
through a densely-dark veil
which hides from us the blue/green lip
blue/green edge of the void

dol dhachaigh—1

théid mi   théid mi dhachaigh   théid
mi   théid mi dhachaigh   théid mi
théid mi dhachaigh   théid mi   théid
mi dhachaigh   théid mi   théid mi
dhachaigh   théid mi   théid mi dhach
aigh   théid mi   théid mi dhachaigh
théid mi   théid mi dhachaigh   *aigh*

sin e   théid mi dhachaigh

seadh   théid mi dhachaigh

aye

     théid mi dhachaigh

yes

going home—1

notes:

théid mi—i will go

théid mi dhachaigh—i will go home

gaelic has no direct negative *or* affirmative. the nearest to an affirmative is *seadh*, which approximates to "it is" or "that's it."

aigh, a gaelicisation of "aye," has come into common usage and partially answers the need.

aye can, of course, mean "forever" as well as "yes."

yes, as any teacher of english will confirm, is the "correct" word.

dol dhachaigh—2

seall na geòidh
a' siubhal 's
na gobhlain-gaoithe

's fhad' o dh'fhalbh a' chuthag

seall na duilleagan dearg ag
éirigh air
sgiath sgairt-ghaoith
ag éirigh 's a' siubhal

tha'm bradan sgrìob mhór a-mach
air a shlighe

ghrian a' dol 'na sìneadh
ghealach ag éirigh
        'nam parabolathan caochlaideach eòlach

samhradh a' siubhal
foghar air a dhruim
        cleòc mór a' sgaoileadh as a dhéidh

null 's a-nall air cala
        fògarrach a-null 's a-nall
null 's a-nall
        null 's a-nall

going home—2

see the geese
journeying and
the swallows

long since the cuckoo went

see the red leaves
rising on
the wing of a gust
rising and travelling

the salmon is a great way out
on his journey

the sun reclining
moon rising
      in their familiar changing parabolas

summer journeying
autumn on his back
      a great cloak spreading behind

back and forward on the wharf
      an exile back and forward
back and forward
      back and forward

gus an ruig mi na reultan . . .

gus an ruig mi na reultan . . .

co mheud uair?

feuchainn ri beòthachd a dhèanamh
as an eabar

•

aigne luaineach

as seo thàinig cràdh agus leigheas

till i reach the stars . . .

till i reach the stars . . .

how many times?

trying to make a living
from the mire

•

restless mind

from this came agony and healing

gleann fadamach

plèan a' dol tarsainn
cho àrd 's nach cluinnear i
long a' dol sìos an cuan
ach fada mach air fàire

cuid dhen t-saoghal
a' siubhal 's a' siubhal

sa bhaile seo
chan eileas a' siubhal ach an aon uair
's na clachan a rinn ballaichean
a' dol 'nan càirn

tèarainte

aig tàmh gach latha gach latha
mar agh air teadhair   gu sona
a' criomadh nan camag sa chala
ach deiseil gach latha gach latha
son éiginn

éireadh an cuan   murtach
air taisdealair   caraid no nàmhaid
spreaghaidh i tuinn gu dhìon

glen remote

plane crossing
so high it can't be heard
ship going down the ocean
far out on the horizon

a part of the world
travelling travelling

in this village
people only travel once
and the stones that made walls
become cairns

secure

at rest each day each day
like a tethered heifer   contentedly
nibbling the ripples in the harbour
but ready each day each day
for urgencies

seas may rise   murderous
on a traveller   friend or enemy
she will explode the waves
to his defence

an cathadh mór

'nan aimsir
> *gealag-làir*
> *ros bàn*
> *lilidh*

I

1
dadum dhen dùthaich nach eil fo shneachda
geal geal geal
an cur 'na cheathach daingeann dùinte
geal geal

bàn buairte an iarmailt
sèimh sàmhach na glaicean
guinte gach sìthean do-fhasgach
bàrr na talmhainn taisgte tur-mhùchte
smior na cruinne roinnt' eadar reothadh is crith

tannasg no tàcharan   cha ghluais san aimsir seo
geal   fuar   geal
reachdach sgairteach cagarsach
am beò a' teannachadh crios an dòchais
mu bhéin an amharais
(cuid fo sglèat) is cuid sa ghailleann
éisdibh
fann-mhèileadh chaorach 's gul theud-theileafon
leaghadh tro chéile
geum féidh fo sgàile
> sgiamhail na gaoithe
dùdach luingeis do-fhaicsinn air linne
> brùchdadh mar osann leòinte
tro chaoineadh sgalach

60

the great snowbattle

in their seasons
>   *snowdrop*
>   *white rose*
>   *lily*

I.

1
not an atom of land is not under snow
white white white
the fall a fog impregnable enclosing
white white

pale perturbed the firmament
silent still the crevices
stung every bare unsheltering hill
earth's crust enfolded stifled
the planet's core rent between trembling and ice

nor wraith nor ghost   will move in this weather
white   cold   white
imperious clamorous whispering
the living draw their coats of hope more closely
round uncertain skin
(some have roofs) some out in storm
listen
feeble bleat of sheep and keening telephone
dissolve into each other
stag's bellow veiled
                    by screaming wind
hoot of hidden shipping on the kyle
                    pours wounded moan
through squalling lamentation

sgeirean gach taobh fo chobhar fo chathadh
h-uile siùbhlaiche deònachadh dachaigh
(siosarnach socair aig lòineig air bradhadair)
      bhith cruinn mun cuairt cagailt!

2
a chruinne   chuir thu ort gu bhith lom

gilead mala air bheanntan
gilead cìch air an t-sìthean
gilead brù air a' mhòintich
gilead sléisde san achadh

gruag neòil air do sgorran
      agus sgàile air d'aodann

3
mìorbhail an t-sneachda
gach criostal àraid
gach criostal gun chàraid
meanbh-chlachaireachd
gach lòineag a' tàthadh
saoghal fo chidhis

sneachda fìorghlan
     (ìocshlaint nan galair
     fras chalman air iteal
     mealltach mesmearach)
sneachda gun lochd
     (cléireach ag ùrnaigh
     an cille stàilinn
     ghlas a chreideimh
     cléireach a' guidhe
     fhradharc 'na bhoisean
     ag àicheadh a bhruadar)

reef on each side under spindrift snowdrift
every wanderer wishing home-shelter
(somewhere sibilant crystals turn steam on the fireglow)
              o to be in the circle round a hearth!

2
earth   you dressed yourself to be bare

whiteness of brow on the mountains
whiteness of breast on the foothills
whiteness of belly on the moorland
whiteness of thigh in the meadow

coif of cloud on your peaks
        and a veil on your face

3
marvel of snow
every crystal unique
every crystal without peer
micro-masonry
every flake cementing
a world beneath its mask

virginal snow
        (balm for plagues
        flurry of flying doves
        deceptive, deadening)
faultless snow
        (a cleric prays
        in the steel cell
        of his credo
        cleric beseeches,
        his sight in his palms
        denying his dreams)

sneachda lainnireach
        (leanabh a' ruidhleadh aig uinneig
        sùilean a' dealradh)
sneachda grioglannach
        (speuran brùite   dùinte)
sneachda brìodalach
        snàigeach sniagach
sneachda lìonmhorachadh
        sàmhach sàmhach
sneachda càrnach
sneachda fillteach
sneachda casgrach

4
am bothan cùl an taighe   cuimhn' agad
do phàrantan san taigh a' seinn shalm
sinne san fhasgadh   san dubhar
ag amharc a' chuir
ar saoghal a' lìonadh le gilead
ar sanas gun ghaoid
am blàths a chéile

blàths do ghileid-s' is
reòtachd a' ghileid a-muigh

chuibhl gaothan ar deòin sinn
tro shailm gheal an eòlais
is dhùisg sinn
        's cha do sheas an latha

5
gilead a' gheamhraidh   gràbhaladh
bhilean corrach nam beann
(bilean àrsaidh nam beann)

brilliant snow
    (child dancing at window
    eyes reflect glitter)
constellated snow
    (the skies are bruised   enclosed)
cajoling snow
    snaking sneaking
multiplying snow
    silent silent
mounding snow
pleating snow
slaughtering snow

4
the hut behind the house   remember
your parents indoors singing psalms
we sheltered   in the dark shed
watching snowfall
fill our world with whiteness
our whispers untainted
we warmed each other

warmth in your whiteness and
chill in the outer whiteness

the gusts of our desire spiralled us
through white psalms of knowing
we awoke
    but the day did not endure

5
whiteness of winter   carving
the ragged lips of the bens
(ancient lips of the bens)

mìneachadh nan oir briste
gu faobhar ealanta

deasbad a' chathaidh ri bruach no ceann taighe
dealbhachadh
                 mhìn-shléibhtean neo-mhaireannach

6
sìneadh a h-éididh air
cathair   caisteal   clachan

sgaoileadh a còt' air
gach buaile   gach bealach
gach sgurr is gach rubha
h-uile sràid anns gach baile
geal   geal   geal

plangaid air saoghal
brat-sìth do threubhan domhain

an gilead gealltanach   gluasadach

7
ainteas nan cìobair
glaist' air chùl starsaich
cidhis de shìoda ceileadh nam fireach
an cathadh 'na sgàilean sìodach mun coinneamh
's an treudan air monadh 's
an gilead a' tionndadh gu salchar
cìobairean cuingeadh am braise
ag éisdeachd na gaoithe

refining broken edges
to scalpelled elegance

the blizzard's bickering with bank or gable
moulding
           intricate transient mountains

6
stretching her raiment on
city   castle   clachan

spreading her coat on
each meadow   each pass
each peak and each reef
all the streets in each town
white   white   white

a blanket on the world
a flag of truce for
all the tribes in a universe

the whiteness promising   shifting

7
the zealous fire of shepherds
locked behind thresholds
a vizor of silk obscuring summits
sifting silken curtains confront them
their flocks on the bleak moor and
white fleeces are turning to filth
the shepherds must tether their brashness
listening to the wind

feadaraich feadraich
 fo dhorsan
 tro mheanglain
 measg chreagan
a' faicinn 'nam bruadar a' chlòimh
dol an ribeadh sa chathadh

murtair geal air an t-sliabh
sireadh na h-ìobairt

8
chan fhaic an t-iasgair ach cobhar
sgorran is sgeirean fo chobhar
sgaothan a' gluasad
  thar a' chala
  thar an raoin
  thar an t-sléibh
cha dhearc a shùil air cuan air cala
chan fhaic e ach cobhar nan sgaoth
a' traoghadh air raointean

an eathar 'na taibhse air teadhair
a lìn nan greasain gheal bhreòiteach
oillsginn gun anam a' crochadh is
 bòtainnean laighe mar chuirp

sluaghan a' chuain do-ruigsinn

9
bhenus a' dùsgadh tron dubhar
bhenus geal lainnireach
bhenus ag éirigh air
stuaghan geal iarmailteach
griog-shùil nan speur

whistling whistling
        under doors
        between boughs
        among rocks
seeing in their dreams the wool
tattering in the drift

white murderer on the heath
seeking a sacrifice

8
the fisher sees nothing but foam
summits and skerries are under the spray
shoals are moving
        over harbours
        across fields
        across the moors
his eye cannot see ocean, anchorage
he sees only foaming shoals
subsiding on meadows

the boat is a tethered ghost
his nets white friable webs
his oilskins hang soulless while
      boots are outstretched corpses

ocean's multitudes are out of reach

9
venus awakening through darkness
white shining venus
venus rising on
white waves of stars
glittering eye of the heavens

dannsair na camhanaich
lainntear nan drùidh
bhenus a shoillsicheas ceum
aig àm na dubh-ghealaich

their cuid gu bheil i fuar
            ged a tha i dealrach
nach eil sradag 'na cridhe
            ged a tha i dealrach
nach eil innte ach duslach is faileas
ath-sgeul gréine

có chreideas
có chreideas
có

II

1
có thusa
có ach thusa
mo nàmhaid mo leannan
do bhriathran geala
gun chrìoch gun chaochladh
drùdhadh 's a' sìor dhrùdhadh
a-staigh air m'aigne
gaolach   guineach

furan is fiamh a' suaineadh 'nam chridhe
ann an gleanntan neo-shocrach mo chridhe
shéid gach oiteag clach-mheallain is flinne

twilight's dancer
druid's lantern
venus who shines on paths
at time of dark-moon

some say she's cold
                    though glittering
not a spark in her heart
                    though gleaming
that she's only dust and shadow
sun's reflection

who believes
who believes
who

II

1
who are you
who but you
my love my enemy
your white words
unbound unchanging
seeping ever seeping
into my thoughts
winsome   wounding

welcome and fear entangle my heart
the comfortless glens of my heart
every breeze sowed hail and sleet

bha mi aognaidh fann gus an tàinig thusa
ruidhleadh snìomhanadh sùrdagadh
tuireannadh   do bhriathran geala
staigh dham chridhe

cruth do bhriathran seasmhach buan
abrair stòld' ach gu bheil iad mireil
abrair seudchruaidh mur biodh iad brisg
ach am bladh
                    mar chidheachan geala
                                        luasganach
                                                    mì-stéidheil
(sgàthan dhomh)

2
sgeinean deas deighe
sleaghan deighe
claidheamhan deighe
'nan caiseanan seudach
ris gach creig
      gach geug
      gach anainn
freiceadain òrnaideach

3
bha sinne ri mire
measg chidheachan siùcrach ar briathran
bha'n gealltainn 's am beadradh ud
                    fior gu leòr dhuinne
cha robh càil a dhìth oirnn ach bhith mire
bhith fuinne cuinn-arain ar gaoil
b'e smùran geal leaghtach a bh'againn
an àite min-fhlùir

72

i was wasted weak until you came
waltzing weaving leaping
sparking   your white words
into my heart

your words have a solid settled shape
stolid were they not wanton
gem-hard were they not brittle
but their substance always
                              like white snowdrifts
                                        restless
                                           unstable
(mirror for me)

2
honed knives of ice
lances of ice
claymores of ice
in jewelled pendicles
upon each rock
        each branch
        each gable
ornate sentinels

3
we were merry
among the sugared snowdunes of our words
those avowals, caresses
                    were truth enough for us
there was nothing on our mind but laughter
to be baking the bread coins of love
it was white melting ashes we had
instead of wheat flour

73

4
ghabh sinn thairis air
sluic a bha ceilte le còmhnard geal
cha d'fhairich sinn
spréidh bha'n sàs ann an cidheachan
(ar bòidean mo stòras)
chan fhaca sinn
na h-uillt a bha dùinte
            fo sheiceannan sìoda reòta
gur e mùirean cho teann ris an deigh ud a
ghlas sinn a-staigh leis
a' ghilead a thog sinn son gaol
cha d'fhairich sinn aiteamh a' tighinn

an aiteamh bhog shnigheach

                    III

1
gealach eugnaidh a' dìdearachd
tro bheàrn anns a' cheathach
air saoghal sàmhach samhlach

ach
cuislean beò a' ruith fon ghilead
ainmhidhean talmhainn bùrach son biadh
('m bi dìon anns an fhàsach
do chridhe fo gheas?)

a dhreathainn-duinn bi cùramach   tha chomhachag-bhàn
a' sealg
            's i acrach

4
we strolled across
gorges filled in by white smoothness
we did not sense
the livestock trapped in the drifts
(our vows my treasure)
we did not see
the streams that were closed
                       under frozen silken skins
it was walls as encaging as ice
locked us in with
the whiteness that we took for love
we didn't feel thaw come

damp insinuating thaw

      III

1
cadaverous moon peers out
through a chink in the wall of fog
on a still spectral world

but
living veins stream under white
world's bestiary grubs for food
(will there be shield on the bleak
for a mesmerised heart?)

o jenny wren be on your guard   a snow-white owl
is stalking
        hungry

2
geal   geal
a dh'éirich air raointean tron oidhche
a thàinig gun fhiosta
mar ghibhte bho leannan
mar eirmin air chreach
geal   geal
gar tàladh le tlàthan no dhà   am murtair
aighearach geal air an t-sliabh
a ghaoil có shaoileadh gun tachdadh tu mi
le mìn-chur le cathadh
do ghealltainn bhith binn
        (bhan-dé nan trì gnùis   àicheam thu
        ghabh mise mar mhnaoi thu
        ach their iad
                        gur òigh thu
                        òigh ladarna eòlach
                        gur cailleach thu
                        cailleach spòrsail)
àicheam thu   cha d'rinn thu ach mealladh
d'fhìor-bhòidhchead mar chidhis
bhan-dé nan trì gnùis   thàinig thu
ghealach   ghrian   ghailleann
thàinig thu
eadar mi is mo leannan
cha bu léir dhomh a h-aodann
as m'éisdeachd a brìodal
bha thusa gam shuaineadh led chagarsaich luaithreach
is chaill mi 'nad chathadh mo leannan

2

white   white
mustered on meadows in dark of night
it came without warning
gift from lover
ermine hunting
white   white
beguiled us with soft flake or two   the merry
murderer on the moor
my love, who'd think you should stifle me
with flurry with blizzard
let your promise be sweet
          (three-faced goddess   i deny you
          i took you as wife
          but they say
                    you are virgin
                    bold knowing virgin
                    you are crone
                    a sportive crone)
i deny you   deception's your nature
your beauty a mask
three-faced goddess   you came
moon   sun   storm   you
came
between me and my leman
i couldn't see her face
her endearments beyond hearing
you entangled me with your ashen whispering
i lost in your blizzard my leman

IV

fasgnadh faoiltich

fuaran nach bi tosd   a dhùrdan gliogach
    a' siubhal thar mhìltean tron t-sàmhchair

. . .

craobhan na coille mar fhaileas air faileas
glas air ghlas air ghlas
gun chumadh

. . .

còmhnard far an robh ceum
sleamhnachd fon réite

. . .

leth-ghnùis creige a' dìdeadh
    fo cheap bàn

. . .

fann-thoitean anaile
snàigeadh gu iarmailt
a cidhe

. . .

fuil smeòraich
ite na h-aonar
    làrach spòg chat

. . .

duilleag sheargte
dhìlsich ri geug gu seo
cuibhleadh gu tuiteach san oiteag

. . .

bha sinne cho cinnteach   'nar gealltainn

. . .

IV

late-winter winnowing

well that will not be silent   its tinkling murmur
    travels for miles through the silence

. . .

trees in the forest are shadow on shadow
gray on gray on gray
without shape

. . .

smooth ground where a track was
shining white secret

. . .

half face of crag peeps out
    from under white cap

. . .

threads of breath
snake skyward
from snowdrift

. . .

blood of a mavis
a feather alone
    cat's footprint

. . .

withered leaf
that clung to a branch till now
wheels down on a breeze

. . .

we were so certain   in our promise

. . .

có mhùin air an t-sneachd' arsa leanaban
's a bhaslaich a ghilead

. . .

toit ag éirigh a similear
dìreadh 's a' dìreadh
'na ròpan de ghilead

. . .

bàrr amair air bristeadh
fuasgladh bùirn airson
faochadh pathaidh   an spréidh
tuisleach a bàthach le
casan eabrach

. . .

sinne dùsgadh

. . .

conasg fo chòta geal
aon bhlàth buidhe a' priobadh

. . .

làraich bhrògag a clachan
aotrom   grinn
mar bhrògan ban-dé

. . .

lomadh na gaoithe
lomadh na gréine

. . .

tàmh

. . .

faileas neòinein

. . .

who pissed on the snow cries an infant
who blasted its whiteness

. . .

reek arising from chimney
rising and rising
in ropes of whiteness

. . .

trough surface broken
releasing water to
quench a thirst   the livestock
stumble from byre on
miry feet

. . .

we awakening

. . .

gorse under white coat
one yellow blossom blinking

. . .

tracks of feet from a clachan
light   neat
like the feet of a goddess

. . .

wind making bare
sun making bare

. . .

peace

. . .

shadow of a daisy

. . .

laoch is leannan is cridhe éirinn

tha sgeulachd ann gu robh fear de sheann
churaidhean éirinn 'na shuidhe air bàrr
beinne. bha farpais eadar òighean na dùthcha
gus a' bheinn a streap. an té a ruigeadh an
gaisgeach an toiseach, bhiodh i aige mar
bhean-phòsda. dh'inns e an geàrr-cheum dhan
té bu taghte leis fhéin.

nan robh mise   air bhàrr sliabh na mban
a' feitheamh
chagrainn dhuts' an rathad geàrr

82

hero and lover and the heart of ireland

a race was once organised between the young
maidens of ireland. their goal was the summit
of sliabh na mban ("the mountain of the
women"), where one of ireland's legendary
heroes (i can't remember which) awaited them
as prize. the woman of his own choice being
among them, he told her the shortest route to
ensure her victory.

if i were   on the summit of sliabh na mban
waiting
i would whisper for you the shortest way

an seachnadh

bha mi cho cinnteach
gu seasadh mo chùmhnant air chùrsa dìreach
's mo stuamachd gun dearcadh air stuagh
nuair shuath a' chiad bhraon
dhed mhaise mo bhilean
cha d'rinn mi do thàladh
cha d'rinn mi do dhiùltadh

bha thu òrach sa ghlainne
gun ghò 'nad lainnir
nuair theann mi riut
dh'fhàs mo shamhla
gu dòmhlachd dhorcha 'nad shùil
cho faisg 's
nach fhaicinn a' cheist air a chùl

cha b'e 'm blasad
a dhùisg mo luaineachd
gu callaid mo shìochaint a riasladh,
cha b'e 'm balgam
chuir m'aigne air lorg
dreach ùr airson fìrinn,
chaidh mi 'nam phàisde
gad òl mar am bainne,
linne shòghail bliochd goibhre
's do lìonadh gam bhàthadh

fionn do ghuala 'nam bhruadar
réidh do mhala
calpa sheang air loinn éilde,
cala clùth d'uchd
mar chòs dham chridh' iomairteach

the avoiding

i was so certain
my pledge would hold a steady course
my restraint having seen no approaching wave
when the first drop of
your sweetness touched my lips
i did not invite you
i did not refuse you

you were gold in the glass
no flaw in your brightness
when i neared you
my reflection grew
to a dark bulk in your eye
so close
i couldn't see the question behind

it wasn't the taste
that awoke my unrest
to destroy the hedge of my calm,
it wasn't the mouthful
sent my mind seeking
a new definition for truth,
becoming a child
i drank you like milk
a sumptuous pool of goat's milk
that filled me to drowning

white your shoulders in my dream
smooth your brow
slender calf elegant as hind,
snug sheltered harbour of your breast
a shield for my floundering heart

's tu siubhal trom aithne
le sgeilcearrachd chainntreach
sgann theinnteach air thriall

do gheas orm
d'uaisle bhith gun uaill,
cha b'ann sleuchdach
a lùb do cheann thugam,
cha b'ann géilleach
am beul sùghmhor a phòg mi,
cha b'ann an ùmhlachd a mhùirnich
mo mheòir shòrach bràighe
do shlios mhìn
's tu sileadh mearain cheannslaich
trom chuislean sìnte
le luathas leòmhainn

san aitreabh chòmhdaich ud
rùisg sinn a chéile
bha sinn cho dlùth
's nach fhaicinn tromhad
an làr eabrach
air an robh sinn a' dannsa
na mìltean an goirt
's an gadaich' san tùr,
bha thu'n siud, ar leam, gus
cairt-iùil m'fhéithean a losgadh
an tòir led bhinneas
mar eilidh nan long
mar eilidh nan long
fad 's a mhair thu

ach fhathast, 's mi gad sheachnadh,
tha cheist a' gleac m'fhaileas,
tha tart 'na mo bhroilleach

you sped through my senses
in supple *cainntearachd*
a fiery shoal travelling

your spell on me
that your dignity was without pride,
not submissively
your head bent toward me,
no surrender in
the mouth i kissed,
not humbly my hesitant
fingers fondled the brae of
your sleek thigh
while you poured your commanding delirium
through my stretched veins
with lion's swiftness

in that clothing edifice
we stripped each other
we were so close
i couldn't see through you
the filthy ground
on which we danced
the starving millions
the thief in the tower,
you were there, it seems, to
burn the maps of my sinews
in pursuit of your sweetness
like helen of the ships
like helen of the ships
while you lasted

but yet, as i avoid you,
the question wrestles my reflection,
my breast is parched

breisleach

chaidh mi 'n-dé dhan choille challtainn
shireadh chnòthan airson biadh
ach 's e bh'air a h-uile geug ach
d'aodann-sa gam thriall.
chaidh mi 'n-dé gu tràigh a' mhaoraich
lòn de choilleagan a bhuain
nochd a h-uile slige neamhnaid
d'àilleachd-sa a luaidh

chaidh mi staigh dhan aon taigh-òsda
son do sgiùrsadh as mo cheann
h-uile glainne thog mi thaom do
mhaiseachd aist' na deann.
chlaon mi tràth a-raoir dhan leabaidh
thusa ruagadh as le suain
ach cha tug thu cead dhomh cadal
gus an dèanainn duan

dh'iarrainn-sa bhith saor od thòireadh
ach gu bheil sinn roinnt o chéil'
do chumadh bhith an àit' do shamhla
agam bhios an fhéill.
dh'fhàg thu mi 'nam bhaothair gòrach
bódhradh chàirdean le do chliù
nuair a thig thu chì iad nach eil
mearachd ann am fhiù

chì iad sgurr a' danns le saobh-shruth
famh is iolair' anns an ruidhl'
stamh gu caomh ag altram sùbh-làir
mireadh mu an sùil.
chì iad mis' is thusa sùgradh
bil ri bil ar n-anail aoint'
cniadachadh mar seo gu sìor le
chéile b'e ar maoin

delirium

i went to the hazelwood yesterday
seeking hazelnuts for food
but on every branch and twig
was your pursuing face.
i went to the fertile shore yesterday
to gather cockles for a meal
every single shell was filled with
your beauty my love

i went into the alehouse
to expel you from my head
every glass i raised your beauty
overflowed from it.
i went early to bed last night
to escape you in sleep
but you kept me awake till
i'd make you a song

i'd wish we were torn asunder
were we not apart
let your presence replace my image of you
and how i'd rejoice.
you've brought me to foolish babbling
tiring friends with praise of you
when you return they'll see that
my words are true

they'll see mountains dance with ripples
mole and eagle step the reel
red rasp held by kind sea-tangle
sport before their eyes.
they'll see you and me make merry
lip to lip our breath as one
caressing thus forever
together our reward

an eilid bhàn

mi gabhail rathad na beinne   àrd
am measg nan tulach liathruadh   toirt
fa-near na h-éilde
                    "ag iarraidh a h-annsachd"
tha grian gun chùram
san iarmailt cheana agus spealtag
na seann ghealaich
                         dol na sìneadh air chùl
an dà sgurr san fhireach thall a tha
smèideadh ri chéile mar a bha iad riamh

's e dh'iarrainn an àite bhith siubhal
bhith dlùthchòmhla riutsa
                              m'eilid bhàn
's mi gun dùsgadh fhathast

chan eil sin ri bhith san tràth seo
agus reul dheireannach na h-oidhche dol bàs
tha thu fada bhuam a-nise 's mi siubhal rathad na beinne
gun chinnt a bheil thu 'nad dhùisg
no a bheil àit' agam 'nad bhruadar

"b'eòlach do sheanair," ars na feallsamhna
mur gun cuireadh am briathran stad air an t-sealgair
's mi falbh a shuidh' air chùl deasc
far an tig thu eadar mo pheann is am pàipear
falach-fead am measg cholbhan craobhach mo leabhair-cunntais
cuiridh do mheall-thighinn buaireachail maill' air a' ghleoc agus
mo mheasrachadh buileach air seachran
bidh mo dhiathad gun tuar no seagh
agus nuair a tha mi ag òl tha fios a'm
nach fhaic mi an cupa
bidh thu 'nad reul air chùl m'aigne
cho deàrrsach 's gun cuir thu a' ghrian air ais

the white hind

i take the mountain road   high
amid the grey-red knolls
observing the hind
                    "seeking her love"
the carefree sun
is in the sky already and the sliver
of the old moon
                    goes to rest behind
the two peaks in the ridge which
beckon to each other as they always have

i'd wish, rather than travel,
to be close to you
                    my white hind
and not wakened yet

that's not to be this time
as the last star of night goes out
you are far from me now as i travel the mountain road
uncertain whether you are awake
or whether i have a place in your dreams

"tell us something new," say the philosophers
as if their words could stop the hunter
as i go to sit behind a desk
where you will come between my pen and paper
hide-and-seek among the branched columns of my ledger
your distracting illusory visit will slow the clock and
completely unbalance my judgement
my food will be without appearance or essence
and when i'm drinking i know
i'll not see the cup
you'll be a star at the back of my mind
so bright you'll extinguish the sun

ach 's ann air an t-sealg eile bhios m'inntinn
far am bi nà buill-airm choma gan giùlain
air guailnean luchd-faghaid a tha
gun aithne air d'àilleachd
chan e do chniadachd a tha dhìth orra
ach an t-sealg
    an t-sealg is
    a' bhuille sgoilteach
              o m'eilid bhàn
              o m'eilid bhàn

but my thought will be on the other hunt
where the indifferent weapons are carried
on the shoulders of stalkers who
don't know your beauty
not your caresses they want
but the hunt
      the hunt and
      the gutting blow
                my white hind
              o my white hind

ach fois a bhith agam

ach fois a bhith agam
cha toirinn siud dha
ars a' chailleach
a' guidhe sìth 'na fàrdaich
's a céile tighinn dhachaigh
air a phòcaid a tholladh
anns a' phràban bhinnteach
ach cha bhiodh e balbh

—an ainmich thu na reultan
  's an coisich thu 'nam measg
  an seall thu betelgeuse dhomh
  co mheud de theaghlach
  tha leantainn na gréine
  (clann is oghaichean)
  faic a' ghealach bheag chruinn
  cailleach òg na gnùise gruamaich
  cho dìleas ri tràill shaorte
  riarachadh na cruinne seo
  cà'il ar mic 's ar nìghnean
  cuin a fhuair thu bhuap'
  eil guth air tilleadh
  ma tha thu searbh dhen ghealaich
  ma thrus thu a naidheachdan
  tiugainn a choimhead nan reultan
  théid sinn air chéilidh orra—

amadain, ars a' chailleach
amadain, amadain
an tug thu bonn
dhachaigh leat
is màl ri phàigheadh

were silence assured me

were silence assured me
i wouldn't give tuppence
said the cailleach
wishing peace in the household
her spouse returning
having burned his pockets
in the curdling tavern
but he won't be dumb

—can you name the stars
  will you walk among them
  show me betelgeuse
  how big a family
  follows the sun
  (children and grandchildren)
  see the little round moon
  young hag of the surly face
  faithful as a freed-slave
  serving this planet
  where are our sons and daughters
  when did you hear from them
  any word of coming back
  if you're sick of the moon
  if you've garnered her news
  come and look at the stars
  we'll pay them a visit—

madman, said the cailleach
madman, madman,
did you take one coin
home with you
and rent to be paid

—chunnaic mi dreug, ars esan
os cionn an taigh mhóir
comharradh bàis do reul uaibhreach
de shìol an duine
a reir na sgeòil, ars esan
's am fear ud shuas gun shìol—

b'fheàrr naidheachd chruaidh na gréine
na faileas gun cholann, ars ise
tha màl ri phàigheadh

—tiugainn a choimhead nan speur
a bhean mo ghaoil
nuair a tha'm màl pàighte is sinne
air ar fuadach gu talamh eile
bidh na reultan a' tionndadh
's a' tionndadh 's bidh amadain
gan amharc leis an aon dùil
gu bheil saoghal ri lorg
taobh thall na gealaich
far am bi amadain seasamh
san dubhar gun léirsinn air ceum
a' coimhead nan speur
gun uallach
ach a' cheist cheudna—

ach eadar na reultan 's a' mhisg
mo chéile
dé th'agad dhòmhsa

—mo làmh, a ghaoil
suarach 's gu bheil i
is éibhleag de dhochas

amadain, ars ise

—i saw a meteor, he said
  above the mansion house
  sign of death to a haughty star
  of the seed of man
  that's the tradition, he said
  and sir would leave no seed—

better hard news from the sun
than a shadow without a body, said she
there's rent to be paid

—come and look at the sky
  wife, my love
  when rent is paid and we
  evicted to another earth
  the stars will be turning
  and turning madmen
  watching with the one hope
  that there's a world to be found
  on the far side of the moon
  where there will be madmen standing
  in the darkness unable to see a path
  and watching the sky
  with no burden
  but the same question—

but between the stars and intoxication
my spouse
what do you have for me

—my hand, love
  mean though it be
  and an ember of hope

madman, she said

tha gàidhlig beò

mar chuimhneachan air caitlín maude

cuireamaid an dàrna taobh
obair an là an-diugh
dèan dannsa ri
port-a-beul na gaoithe

"tha gàidhlig beò"
a dh'aindeoin gach saighead
's i streap nan sìthean
fiùran daraich fo h-achlais
a sùilean dùbhlanach
a' sìneadh gu fàire fad' as
's i sireadh na fàire fad' as
lasair-bhuan leugach 'na broilleach

'n aire nach gabh i sùrdag ro bhras

ach dèan dannsa dèan dannsa
's e obair th'ann a bhith dannsa

gaelic is alive

in memoriam caitlín maude

let's put aside
today's work
and dance to
the wind's port-a-beul

"gaelic is alive"
despite all arrows
she climbs the hillside
sapling of oak in her arms
her defiant eyes
reaching the far-off horizon
she aims for the far-off horizon
a bright lasting star in her breast

defend her from too bold a leap

but be dancing be dancing
it is work to be dancing

seo an camas

seo an camas
far a bheil tàmh ri fhaighinn
a' coiseachd na gainmhich ghnèitheil
(guidhe mathanas na corra-ghrithich
a' gealltainn bhith beusach 'na dùthaich
air dhomh bhith ann gun a h-aoigheachd
ged b'ann gun lagh a thàireadh)

seo an camas
far a bheil tàmh ri fhaighinn
a' conaltradh le gille-brìghd' is faoileag
ag asladh bhuap' earbs' agus càirdeas
nach eil meàirle 'nam aire
sgriosadh no lotadh
ach a bhith 'g amharc mìn-chruth an àilleachd

seo an camas
far a bheil tàmh ri fhaighinn
a' seasamh air gainmhich ghnèitheil
crònan ann an co-cheòl ri
monmhar nan mìn-chamag
gam fàilteachadh aig deireadh slighe
lìonadh no tràghadh

seo mo chamas
trealaich a' chuain
am measg an tiùrr
gheibhear acfhuinn agus òrnaid
caillte no caithte
gheibhear àilleag no leug
measg an lobhaidh amhlaich

this is the bay

this is the bay
where peace is to be found
walking the genial sand
(begging the heron's forgiveness
promising good behaviour in her territory
on being there uninvited
though transgressing no law)

this is the bay
where peace is to be found
addressing oyster-catcher and gull
inviting their trust and friendship
intending no crime
plunder or wounding
but to observe their graceful beauty

this is the bay
where peace is to be found
standing on the genial sand
humming in harmony with
the murmur of ripples
welcoming them at journey's end
flow or ebb

this is my bay
the ocean's flotsam
among the wrack
finding tool and ornament
lost or discarded
finding gewgaw or jewel
among tangled putrescence

's e 'n cleas a bhith foisneach
tilleadh agus a' tilleadh
chun a' chamais
(toirt urraim dhan eunlaith)
bhith tilleadh 's a' tilleadh
lorg beairteas a' chladaich
còrr na cuilidh-rath

éideadh

gun dhùisg mi as
an léine-bheag

gun mhiannaich mi
an léine-chròich

gun choisinn mi
an léine-bhàn

tha'n léine-chaol a' caitheamh

air fhàgail a'm,
an léine-mhairbh

the trick is to be patient
returning and returning
to the bay
(respecting the birds there)
to return and return
find the wealth of the shore
the ocean's surplus

attire

i wakened from
the little shirt

i desired
the saffron shirt

i was awarded
the pale shirt

the fine-threaded shirt is wearing out

none left but
the death-shirt

Notes:
léine-bheag—inner lining of an egg-shell
léine-chròich—a mantle worn in former times by people of
rank among the Gael
léine-bhàn—which transgressors of ecclesiastical law were at
one time obliged to wear in church during public worship
on one or more sundays
léine-chaol—white linen shirt (which would have been
equivalent in former days to "sunday best")
léine-mhairbh—shroud

ceòl a' chridhe

ceòl na gaoithe
guth
ceòl an t-sruthain
guth
ceòl nan teud
guth
ceòl na h-anail
guth
ceòl a' chridhe
dàn

heart music

wind music
voice
stream music
voice
string music
voice
breath music
voice
heart music
poem/fate

thug thu dhomh samhradh

de los lenguajes humanos el pobre solo sabria tu nombre
—pablo neruda

thug an geamhradh buaidh air an earrach
bha e fuar, bha e nimheil
gheàrr sgeinean an reothaidh an céitean

chum na craobhan an guirme
dùint'
ann an rumannan caol an geugan

thréig smeòraich gaoil na raointean
thriall camagan ciùil as gach linne
sgap a' ghàire 'na neulagan anail
thar firich chrìon àrsaidh ar dualchais
air gaothan geur neo-aireil
thuislich danns' a' mheudaidh gun dùsgadh 'nar n-anam
leig sinn bhuainn a bhith sireadh
cuach òir na gréine torraich

chaidh teanga na treubha balbh
ach osann gann bìgeil fhann
fad cruas mall an earraich

gun shamhla againn
a shuaineadh ar spiorad 's ar gnè
ann an ròp soilleir daingeann

. . .

bha mise, 's mo shannt gu tràghadh,
a dh'aindeoin, sìor shireadh
fiù 's gaoireag a fidheall
no fannal a fànas.
	is choinnich mi riutsa

106

you gave me summer

de los lenguajes humanos el pobre solo sabria tu nombre
                                        —pablo neruda

winter prevailed over spring
it was cold, it was bitter
knives of frost cut may

trees kept their green
enclosed
in the narrow rooms of their branches

the songbirds of love fled the fields
ripples of music abandoned the pools
laughter dispersed in vapours of breath
beyond the crumbling ridges of our history
on sharp indifferent winds
the dance of growth stumbled without wakening in our soul
we gave up our search for
the golden cup of the fertile sun

the tribe's tongue went dumb
only a rare sigh, a whisper
through the slow hardness of spring

we had no symbol
to plait our spirit and kind
into a bright durable rope

. . .

i, desire all but ebbed,
still continued my search for
even the mewl of a fiddle
or the merest breath from the void.
        and i met you

mar lasair bhlàth ròis as an domhan
nochd dhomh blasad dhed bhinneas
'nad ghnogadh gun fhiosta 's do thighinn a-staigh orm, is
thug thu dhomh samhradh

. . .

cha ghabh d'àilleachd innse, mo luaidh, chan eil air mo theanga
de bhriathran, ach teine falaisgreach.   seinneam
òran dhut is tuigidh mo chinneadh e, tuigidh
m'aiteam am fonn.   tha thu beò
rubain ruaidh m'fhala
a dhùisg mi le brùchdadh dearg-leaghte
do ghaoil a buillsgean na cruinne
's tu m'iarmailt 's mo thràigh, mo reul-iùil tro gach dochann
's tu mo ràmh air a' chuan thoirmsgeach
nuair a tha na stuaghan ag éigheach *dealrachd dealrachd*
thubhairt fear eile ri téil' ann an suidheachadh eile
"anns gach cànan a labhras daoine, na
truaghain a-mhàin a dh'aithnicheas d'ainm"
ach m'aideachd àigheach-sa
anns gach cànan a labhras daoine bidh
d'ainm air gach teanga, pròiseil, prìseil
's tu mo chànan bheag sheang
's tu gam ionnsachadh

                         mo ghaol àrsaidh òg

like the flame of a rose-blossom out of the universe
a taste of your sweetness was given to me
in your knocking unnoticed and coming in on me, and
you gave me summer

. . .

your beauty can not be told, my love, there are not on my tongue
enough words but a spreading heathfire.   let me sing
a song for you and my clan will know it, my people
will know the melody.   you are alive
red ruby of my blood
who woke me with the molten eruption
of your love from earth's core
you are my sky and my shore, my pole-star through every hardship
you are my oar on the turbulent sea
when the waves are crying *glitter glitter*
an other said to another, in other circumstances
"in all the languages of men, the
poor alone will know your name"
but i proclaim exultantly
in all the languages of men, your
name will be on every tongue, proud, priceless
you are my small slender language
and you are learning me
my young ancient love

an dàn as motha?

có nach biodh 'na fhiùran gorm
air lios na féinne sìorraidh

thu fhéin agus coinneal

thu fhéin agus coinneal   'nam smuaintean
dìreadh 's a' teàrnadh
cuislean mo roghainn
do lasair sheang àigheach a'
foillseachadh dhuibhreachdan
meanbh mo rian

do sholas beag
mar ghrian

the greatest poem/fate?

who would not be a green sapling
in the garden of the eternal *fianna*

yourself and a candle

yourself and a candle   in my thoughts
ascending, descending
the veins of my choice
your slender glad flame
exposing the small deep
darks of my sanity

your little light
like a sun

am bàrd, an t-amadan
seòrsa de chumha

1
bha e neo-chiontach mun bhàs
ged a bha'm bàs na sheice dha

le casan tuisleach
bu chaomh leis bhith dannsa
bha sgeul anns an ruidhle
sgeul mhabach
gun aigeann gun cheap

guth fithich
a' leantainn lòin-duibh anns an t-séist

dh'imich sluagh tro chridhe

2
a laoidh
do chlann mhìl
do chlann teachd
"'s an sgeòil air aire"
air fal al ail eó
an seanchas dìon
's a bhriathran air faire
ó hu a leo horo ho
a' gealltainn nach faigheadh
hill hill hó hillin ó
"sgoilear donn nam beurla"
hill is ho ro bha o
an dlùthadh gu 'n daiseadh
am mùchadh, an gaiseadh

the poet, the fool
a kind of elegy

1

he was innocent about death
though death was a skin on him

with his stumbling feet
he loved to dance
a tale in the reel
stammering tale
bottomless, summitless

his crow's voice
follows the blackbird's tune

a throng moved through his heart

2

his hymn
to the children of mil
to the children to come
"their story on his mind"
air fal al ail eó
their story secure with
his words on guard
ó hu a leo horo ho
his pledge to prevent
hill hill ho hillin ó
the "brown scholar of the languages"
hill is horo bha o
from drawing near, to pile them in mounds
to strangle, to shrivel them

hó mo lur
hé mo lur
hó mo lur
(ar geas)

3
ged a bha'm bàs 'na chnàmhan
bha chaise gu sunnd
mar bhradan a' leum ris an deann
a' reubadh gach lìon

ghabh e rathad
sùil air ais, sùil a-staigh
sùil air adhart

bàrd, drùidh
maighstir is tràill
a chànain, a dhream

sìneadh e sàmhach
'na sheòmar cumhang
fo thruimead na lic

thèid a bhriathran a-mach
air na gaothan

hó my treasure
hé my treasure
hó my treasure
(our spell)

3
though death was in his bones
his impatience for joy
was a salmon leaping the rapids
ripping every net

he went his way
glance behind, glance within
glance ahead

bard, druid
master and slave
to his language, his people

let him lie silent
in his narrow room
under the weight of the stone

his words will go out
on the winds

gun
eadar-theangachadh

dàn cloinne

aon dhà trì ceithir
théid sinn a-mach gu muir anns an eathar
cóig sia seachd is a h-ochd
tillidh sinn loma-làn gu tìr a-nochd

naodh deich aon deug 's a dhà dheug
trosg saoithean langa agus càrnag
trì deug ceithir deug cóig deug sia deug
rionnach adag caoiteag is lèabag

criomaidh sinn o bhàrr an sgàinn
na shàsaicheas ar nàbachd
roinnidh sinn aig oir a' chuain
gad dhan uile nàbaidh

ma dh'fhàgas na séinearan
ma dh'fhàgas na tràlairean
ma dh'fhàgas na ruingearan
meanbh-lann thana dhuinn

òran

a ghruagach mhìn bhòidheach gun d'fhuair thu mi lapach
mo mhiann air dhol seachran is m'inntinn gun ghleus
bha dùil a'm bhith réidht' ann an cùrs mo mhac-meanmhainn
ach thàinig do mhais' orm gun fhiosta mar bheum

a' drùdhadh air m'aigne le dealanadh socair
mar ghalair binn-gheur tha 'nam chridhe mu sgaoil
ged dh'iarrainn bhith teicheadh tha d'iuchair 'nam ghlais is
tha samhlan do lurachd mum chuairt air gach taobh

tha mo rùn ort mar shlabhraidh an aghaidh a' ghaillinn 's
ri pianadh no aoibhneas 's tu acair mo chiall
's e do ghnè a bhith màld' mo chlach-iùil on a' chiad uair
a loisg air mo shùilean do chumadh san ial

bidh mo chàirdean a' magadh gur e th'ann ach saobhadh
iad nach d'fhairich do ghathan am buillsgean an deò
ach 's mise tha cinnteach, air gealladh mo chràidhteachd
gum bi thu 'nad leannan dhomh fhad 's bhios mi beò

a ghruagach mhìn bhòidheach gun d'fhàg thu mi lapach
tha m'anam 'na fhàsach on dh'fhàg thu mo thaobh
aon toinntean 'na thaic dhomh, gun till thu gam ionnsaigh
's gu siubhail sinn còmhla an cuibhreach a' ghaoil

thu bhith dhòmhs' nuair ghluais mo shùil ort

thu bhith dhòmhs' nuair ghluais mo shùil ort
ùr ri fiùran gorm an t-seilich
mhadainn ghaothar seo gu faic mi
shuas air slios an t-sìthein mhóir ud

leacag dealrach 'n déidh frasa
d'shùil a' smèideadh rium air astar
dé do shanas dhomh a sheudag
chùbhraidh ach gu bheil thu fhathast

leamsa, as an t-sluagh gun d'thagh thu
mise son do chridhe mùirneach
leaghadh. nise mór an cùram
dhomh nach téid an t-àigh seo bheudadh

gaol a bhith cho mìn cho breòiteach
mar an earb sheang soirbh a chreathnach
gu bheil feum air freice bhith-bhuan
'n aghaidh sithfeanan an leònaidh

fasgadh anns a' gheò tha seo

fasgadh anns a' gheò tha seo
bhon a' ghèile daingeann
uilleann fàs gu bàrr nan creag
cùbhrachd bhinn mo leannain

iasgach anns a' gheò tha seo
son ar lòn a dhèanamh
fearann sìos gu oir na tràigh
ar saidhbhreas gaoil a mheudach

sìol ga chur sa gheò tha seo
cliathadh agus beannachd
toradh anns a' gheò tha seo
dhòmhsa 's dha mo leannan

dàn mór dìomhair

dèanamaid
daorach

frasach a' ghiblein

frasach a' ghiblein
easanan glan na h-iarmailt
deoch-slàinte nam fireach
biathadh nam mòinteach
lòn nan coilltean
diathad an fheuraich

tro fhuar-shuain
lomnochd a' gheamhraidh
am bristeadh gorm

cinn nan gas feòir
meòir nan gas rainich
peicean beaga seamraig
bachlagan chluaran
a' gobadh a-mach

ma shéideas a' ghaoth
mar a dh'fhaodas i
san aimsir chaochlaideach
ged a lùbas i
cinn àrd nan crann
cha bhrist i spiorad an fhiùrain

thigeadh sguab flinne
am beul a' chéitein
cha stad an gluasad

seo cainnt nan reumhach
sgaoileadh an trùpan
feadh an t-saoghail
air mhàrsail dhanarra
    a nead na h-ainneamhaig

trì trianaidean

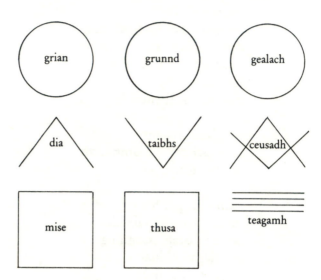

mar gu fuasgladh
geoimeadras gràmair
faitheam facail

faiceall falair
cùramach gu
dùnadh callaid

tabhann failbhe
tolladh sìochaint
nan dearbh aiteam

eadar dà gheamhradh

fàs
brùiteach is aognaidh
an teine dol sìos is
thusa mar phlangaid
teann mun t-seòmar
an latha bras earraich seo
eadar dà gheamhradh
cur   anns na neòil ach
grianag a' priobadh
                    do bhràiste

bidh màireach bog flinneach
bidh màireach
                    / an-diugh
ciùin mar chala
        mar chala cruinn fasgach
ach
brùiteach is aognaidh
mo sheòmar

faochadh na coille
        / oiteag chuibhleach chuairteagach
's mi cruinneachadh
smodal de bhioranan crìonach
de bheithe 's de chaorann
de dharach 's de dh'fheàrna
cuiridh iad lasair sa ghrìosaich
nì callaid dhìon dhar conaltradh
ni dannsa air d'aogas
                    do bhroilleach
do shùil aigeannach
'na teine san ruidhle

cruinneachadh bhioranan
smodal nan craobhan
m'fhéithean a' beothachadh
chiad uair am bliadhna
plaosgadh a d'shuaineachd
dùsgadh gu dannsa
dùsgadh gu dòchas
(m'iongnadh g'eil faobhar an dùsgaidh
ag éirigh a crìonachd
a leannain gach bliadhna)
bidh flinne a-màireach
a-màireach bidh lusrach a' dùsgadh

an dràsda mi cruinneachadh bhioran
gu fallas a bhrùchdadh
gun dùil co mheud mionaid
a loisgeas gach bioran
tha faileas an earraich
a' danns air an oiteag
bidh dùil aig na blàthan
ri blàths agus loinnreadh
(dhèanainn uirghioll dhut
air ùrachadh na talmhainn
a' gluasad trom fhéithean
ach gu bheil do shùilean mar shleaghan cuilinn
'n sàs 'na mo chridhe
                            gam leughadh)

an dràsda mi cruinneachadh bhioran
'nam aonar sa choille
's tu còmhla rium

eadar-theangachadh

bho ealain muinntir ruadh
aimeireaga

an àilleachd, mi 'g imeachd

an àilleachd, mi 'g imeachd
    àilleachd romham, 's mi 'g imeachd
    àilleachd an àirde, 's mi 'g imeachd
    àilleachd fodham, 's mi 'g imeachd
an àilleachd mi 'g imeachd
    gu seòladh na gréine 'g éirigh
            an àilleachd mi 'g imeachd
    gu seòladh na gréine siubhal
            an àilleachd mi 'g imeachd
    gu seòladh na gréine sìneadh
            an àilleachd mi 'g imeachd
    gu seòladh nan gille-brìghde
            an àilleachd mi 'g imeachd
uile mum chuairt mo thìr an àilleachd
an àilleachd mi 'g imeachd

            —cannt xiebechei bhon mhuinntir navajo

drowp
(*òran an eòin-fanaid*)

sgòthan tana
    tana

sgòthan tana
    tana

lòn-dubh a' seinn san speur
lòn-dubh a' seinn dhuinn

gabhail suas a' bheinn
dìreach suas mo thriall

  —òran bhon mhuinntir yuma

òran gaoil

gach fear air an dearc mi
dol cuthach le gaol

  —bhon mhuinntir winnebago

òran mnatha

ochan, leig mi mach e, *he*
ochan, leig mi mach e, *he*
raoir nuair a sheinn thu, labhair mi d'ainm
ochan, leig mi a-mach e, *he hi*
"có tha seinn?" *he* thubhairt iad, 's mi'n siud *he*
"waguntha dol seachad" arsa mise *he*
d'ainm-sa labhair mi, *he, hi*

      —bhon mhuinntir omaha

tarbh 'na shuidhe

curaidh
a bh'annam.
nise,
tha e seachad.
chruaidh-chàs
mo dhàn

   —òran tatanta yotanka

tàladh

caidil, caidil, caidil
  caidil, caidil, caidil

daolagan
anns a' bhealach
'nan suain air druim a chéile

caidil, caidil, caidil
  caidil, caidil, caidil

(*puva, puva, puva*
  puva, puva, puva

hohoyawu
shuhpo pave-e
na-ikwiokiango

puva, puva, puva
  puva, puva, puva)

      —bhon mhuinntir hopi

naomh 'na modh

naomh 'na modh
mo bheatha
sheall mi
chun nan speuran
naomh 'na modh
mo bheatha
lìonmhor
m'eachaibh

—bhon mhuinntir navajo